Deutschsprachige Erstausgabe 2022
Copyright © 2022 – Stefanie Heckler

ISBN Print: 978-3-00-074218-7
ISBN E-Book: 978-3-00-074219-4

Stefanie Heckler
Hospitalstraße 6a
65366 Geisenheim

Alle Rechte vorbehalten

Nachdruck, auch auszugsweise ist nicht gestattet.
Das Werk, einschließlich seiner Teile, ist urheberrechtlich geschützt.
Jede Verwertung ist ohne Zustimmung des Verlages und des Autors unzulässig.
Dies gilt insbesondere für die elektronische oder sonstige Vervielfältigung, Übersetzung,
Verbreitung und öffentliche Zugänglichmachung.

Text und Idee – Stefanie Heckler
Coverdesign und Gestaltung – Ginevra Giammatteo
Zeichnungen – Lenka Braun

Stefanie Heckler

An Tagen, an denen es mir einfach reicht!

Eine Einladung zum Üben für den Umgang mit starken Gefühlen,
für alle Menschen ab dem Grundschulalter,
zur Entwicklung der Sozialkompetenz, Selbstfürsorge
und natürlich auch der Empathie

Eine spielerische Entdeckungsreise zu den eigenen Grenzen und Bedürfnissen
zu mehr Ruhe und Gelassenheit

Für Simon, meinen Sohn,
der in mir Kräfte frei setzte,
von denen ich nie zu träumen wagte.

Inhaltsverzeichnis

Warum habe ich dieses Buch geschrieben?

Alle Menschen auf der Welt, ob groß oder klein, ob alt oder jung haben Gefühle, das ist echt total normal. Menschen sind Gefühlswesen. Der Unterschied besteht nur darin, was **wir** mit unseren Gefühlen machen, oder was **die Gefühle** mit uns machen, je nachdem kann der Tag richtig doof verlaufen oder gut.

Ich habe dieses Buch geschrieben, weil ich der Überzeugung bin, dass egal wie wichtig und schön Gefühle auch sein können, es auch unter ihnen welche gibt, mit denen man echt schwer umgehen kann. Die sogar super weh tun können oder uns heftig sauer werden lassen.

Und gerade um diese Gefühle geht es mir, um die, die sich echt manchmal total doof anfühlen, wie wenn man zum Beispiel enttäuscht wird, oder du dich total über jemanden ärgerst, oder wenn du dich superheftig ärgerst und du gar nicht mehr weißt wohin mit dir und den Gefühlen und du sowas von wütend wirst.

Ich habe das Buch für dich geschrieben, weil ich es dir gerne einfacher machen will. Mein Wunsch für dich ist es, dass dich dieses Buch auf Ideen bringt, wie du versuchen kannst, anders zu reagieren, dass du merkst, dass du der „Bestimmer" bleiben kannst. Auch wenn es sich in manchen Momenten anfühlt, wie ein Unwetter in dir drinnen, wenn dich z.B. was total wütend macht.

Ich wünsche mir für dich, dass deine Tage schön sind, du Freunde hast, mit denen du - egal was passiert - gut aus kommst.

Mit diesem Buch möchte ich dir gerne helfen, mit den „sich doof anfühlenden Gefühlen" besser umzugehen.

Zusammen schaffen wir das.

Alles Liebe, deine Stefanie

P.S.: Am Ende des Buches wartet eine schöne Traumreise auf dich, die du dir vorlesen lassen kannst.

Dieses Buch wäre vielleicht schöner, wenn die Zeichnungen farbig wären, dann ist das aber nicht so gut für die Umwelt, da jede Menge Chemie dazu gebraucht wird. Darum habe ich mich für schwarz-weiße Abbildungen entschieden. Ebenso wird dieses Buch nur gedruckt, wenn es jemand bestellt, weil er es lesen will. Das Buch in deinen Händen wurde also nur für dich gedruckt. Toll oder!!

Dieses Buch hat eher das Format wie ein Heft. Mir ist es wichtig, dass du es überall hin leicht mitnehmen kannst. Mir liegt es am Herzen, dass es dich unterstützen kann, wo auch immer du bist.

Denn zusammen geht so vieles leichter!

Dieses Buch habe ich geschrieben, da ich unseren Kindern gerne Inspirationen geben möchte, wie man in Konfliktsituationen unterschiedlich reagieren kann. Wir können konstruktiveres Verhalten ausprobieren und dadurch unsere soziale Kompetenz schulen sowie auch unser Selbstfürsorge ausbilden. Wenn wir unseren Kindern ein breites Möglichkeitsspektrum anbieten, oder sie es sich mit Hilfe von z.B. diesem Buch selbst (mit Ihnen als Unterstützer) ein Stück weit mehr erarbeiten, kann das im täglichen Leben und im Umgang mit anderen für Sicherheit sorgen. Um in Momenten von starken Gefühlen den Kontakt mit sich nicht ganz zu verlieren, mit sich selbst besser umzugehen und letztendlich auch mit dem Gegenüber. So kann eine bessere Welt entstehen.

Dieses Buch will eine Einladung sein zu neuen Möglichkeiten, auch zu Geduld mit sich selbst und den anderen. Dadurch biete ich nach jeder Geschichte, die die beiden Protagonisten Mathea und Jakob erzählen, auch einen Bereich an, den Sie nutzen können, um mit dem Kind ins Gespräch zu kommen. Um zu hören: Wie hättest du reagiert, wie kann man noch reagieren, kannst du dir vorstellen, wie die eine oder der andere sich fühlt? Das kann Verbindung und Nähe schaffen, fördert die Fähigkeit sich auszudrücken, die Selbsterkenntnis und auch auf jeden Fall die Empathie. Sie reden dann nicht vordergründig über das Verhalten des Kindes, sondern schauen Mathea und Jakob zu, wie sie sich im Alltag zurechtfinden. Das Kind steht nicht mit seinem Verhalten im Vordergrund, sondern es ist selbst miterlebender Zuschauer und kann den beiden Hauptfiguren Tipps geben.

Aber natürlich können die Geschichten auch einfach so von dem Kind gelesen oder von Ihnen vorgelesen werden, ohne darüber zu reden. Die Botschaft vermittelt sich auch so und alle Geschichten finden ein gutes Ende.

Und am Schluss dieses Buches finden Sie eine reine Vorlesegeschichte, da es eine entspannende Traumreise ist.

Dieses Buch erhebt natürlich keinen Anspruch auf Vollständigkeit, es ist ein Anfang und stellt auf keinen Fall einen erhobenen Zeigefinger dar. Es will zum Gespräch einladen und Inspiration sein, dann hat es seinen Zweck erfüllt.

Ich wünsche Ihnen viel Freude, gutes Gelingen, viel Geduld und Zuversicht.

Ihre Stefanie

Mathea und Jakob sind 2 Freunde. Die beiden hatten vor kurzem echt aufregende Tage, die hatten es wirklich in sich. Sie möchten dir von Ihren Erlebnissen gerne erzählen und vielleicht kannst du ihnen helfen oder ihnen Ideen geben, wie DU in manchen Situationen reagiert hättest.

Na dann mal los, ich stelle dir die beiden einfach mal vor...

Das ist Mathea

Mathea ist 9 Jahre alt, hat lange braune Haare, meist trägt sie Hosen, weil die praktischer sind, so findet sie. Sie liebt es, sich viel zu bewegen, sie ist oft gut gelaunt, lacht viel und trifft sich gerne mit ihren Freundinnen, fährt gerne Rad und am allerliebsten malt sie mit Wasserfarben. Sie geht in die dritte Klasse. Ihr bester Freund ist Jakob, er wohnt mit ihr in derselben Straße und die beiden verbringen viel Zeit miteinander.

Das ist Jakob

Jakob ist 10 Jahre, hat braune Locken und geht schon in die vierte Klasse. Jakob redet nicht viel, er ist etwas ruhiger als Mathea, ist meistens gut gelaunt und liebt es zu puzzeln oder komplizierte Modelle mit Lego zu bauen. Er fährt gerne, mit Mathea seiner besten Freundin, Rad.

Echt

unfair!

Echt unfair!

An diesem Tag trafen sich Mathea und Jakob wieder das erste Mal seit einer Woche. Es waren Herbstferien gewesen und Jakob war mit seiner Familie weggefahren, um ein paar Tage an der See zu verbringen. Heute war der erste Schultag und nach der Schule waren die beiden endlich wieder verabredet. Mathea radelte mit einem doofen Gefühl in sich die Straße entlang, irgendwie waren die letzten Tage total seltsam gewesen, vieles ging daneben, sie hatte sich über einiges total aufgeregt und war teilweise noch sauer vom heutigen Schultag, der war nämlich auch total blöd. Zum Glück konnte sie jetzt raus und zu Jakob fahren, mit ihm verstand sie sich. Hoffentlich hatte wenigstens er schöne Ferien gehabt. Der Wind wuschelte durch ihre Haare als sie an der Häuserreihe entlang sauste, an deren Ende die Hausnummer 27 war, das Haus in dem Jakob wohnte. Mathea hielt an, lehnte ihr rotes Rad an den dunkelbraunen Holzzaun und ging zur Eingangstür mit der blankpolierten, silbernen Klingel.

Kurz nachdem sie geläutet hatte machte Jakob auf, er lächelte sie an und rief laut in die Wohnung: "Mathea ist da, wir sind dann draußen Rad fahren." Von drinnen hörten sie die Stimme seiner Mutter: "Ok, viel Spaß euch!" Daraufhin zog er die Tür hinter sich zu und meinte zu Mathea: „Los, hauen wir ab. Wo fahren wir hin?" „Mh, ach egal, lass uns einfach fahren." „Wie egal?", meinte er. „Los, wir fahren die Feldwege entlang." Sie stiegen auf ihre Räder und fuhren Richtung Feld.

Es war ein windiger Tag, die Wolken flogen nur so am Himmel entlang und grauer Himmel wechselte sich mit blauem ab, sie mussten ganz schön in die Pedalen treten um vorwärts zu kommen und irgendwie tat das Mathea gut. Sie hatte das Gefühl ihre Stimmung hellte sich etwas auf, irgendwie spürte sie die Verärgerung vom Vormittag nicht mehr so sehr.

Die beiden unterhielten sich kaum, der Wind rauschte in ihren Ohren und Jakob rief zu ihr rüber:" Komm lass uns hier abbiegen und uns runter an den Bach setzen."

Sie legten ihre Räder ins Gras und setzen sich auf die herumliegenden Steine. Mathea schaute zu Jakob herüber und merkte, dass er ins Wasser blickte und sie hatte das Gefühl als sei er in Gedanken. Irgendwie war er heute ganz anders als sonst, er wirkte so starr. „Was ist los Jakob, stimmt was nicht?" Er zuckte erst schweigend mit den Schultern und meinte dann doch: „Ach, ich habe mich nur total über meinen Bruder geärgert und meine Eltern sind auch total doof." „Was ist denn passiert?"

Und dann fing er an zu erzählen....

„Unser Urlaub war echt total schön bis auf den letzten Tag. Wir waren am Strand und wollten zum Abschluss unseres Urlaubes noch mal zu dieser tollen Eisdiele gehen, die haben da super viele Sorten und ich habe mich echt die ganze Zeit schon darauf gefreut. Du weißt, dass mich mein jüngerer Bruder oft nervt und an diesem Tag war es besonders schlimm. Mann, kann der nerven, wenn ich nur daran denke, reg ich mich auf. An diesem Tag hat er mir oft die Schaufel weggenommen als wir am Strand waren und wollte dauernd bei mir sein und alles machen, was ich mache. Als wir dann am späten Nachmittag endlich bei der Eisdiele angelangt waren, war er müde und quengelte die ganze Zeit herum. Ich durfte mir

meine Eissorten aussuchen. Ich habe eine Eistüte mit Mango und Schokolade bekommen. Mein Bruder wollte das Gleiche, leider gab es aber kein Mangoeis mehr, es gab alle möglichen Eissorten, echt jetzt, da war so viel Auswahl, aber kein Mangoeis. Und weißt du was er dann gemacht hat?" Jakob sah Mathea finster an. Sie antwortete nicht und schüttelte nur leicht den Kopf. "Er hat mich geschubst und zwar so, das mir die Eistüte aus der Hand gefallen ist!" Jakob schmiss mit voller Wucht einen Stein in den Bach. "Mein Eis war futsch, als Matsch auf dem Boden! Und ich hatte mich so darauf gefreut. Ich wusste erst gar nicht wie mir geschieht, dann habe ich meinen Bruder angeschrien, diesen Blödmann, und ich habe ihn dann auch geschubst, worauf er hingefallen ist, und dann habe ich mich total aufgeregt, weil meine Mutter sich um meinen Bruder gekümmert hat, der angefangen hat zu weinen und sie meinte das das total daneben sei, dass ich ihn so heftig gestoßen habe. Dabei hat ER MICH doch zuerst angerempelt und mein Eis kaputt gemacht. Und dann wird sich noch um ihn gekümmert und dann hat meine Mutter dauernd noch versucht ihm eine andere Sorte Eis schmackhaft zu machen – ist das zu fassen. Und mein Bruder hat aber nicht aufgehört rumzuschreien und zu weinen. Mein Vater hat sich dann eingemischt und meinte es sei jetzt Schluss und keiner bekäme ein Eis, es würde so keinen Spaß machen und wir gingen zurück in unsere Ferienwohnung." Jakob war aufgestanden und lief beim Erzählen hin und her und trat ab und an gegen einen Stein, der dann wegflog. Oder er nahm ein am Boden liegendes Stück Holz und warf es mit aller Kraft in den Bach oder auf die Wiese. Mathea kannte Jakob selten so aufgebracht. Sie beobachtete ihn. Er war nicht nur wütend, er war auch traurig und enttäuscht und irgendwie alles auf einmal. Sie wusste, wie sich das anfühlt, wie groß sich das in einem drinnen anfühlt. Jakob sah Mathea an, seine Gesichtszüge wirkten hart, da war nicht mehr der fröhliche Jakob zu sehen. „Wie ist es dann weiter gegangen?" fragte Mathea vorsichtig und klopfte neben sich auf den Stein, als Zeichen, dass sich Jakob wieder zu ihr setzen sollte. Erschöpft kam er auf sie zu und ließ sich niedersinken. „Wir sind dann wieder in die Ferienwohnung zurück gegangen, mein Vater wollte mich bei der Hand nehmen, ich habe mich aber immer wieder losgerissen und wollte allein gehen. Mein doofer Bruder hat noch eine ganze Weile rumgetobt und ist dann ziemlich direkt als wir ankamen eingeschlafen. Ich wollte den ganzen Abend mit keinem mehr was zu tun haben, die sind alle so was von doof!" Mathea konnte sehen wie sich die Wangenknochen von Jakob anspannten. Er starrte auf seine Füße und Mathea blieb ganz still einfach bei ihm sitzen, sie hatte den Eindruck, dass Jakob noch nicht fertig war mit dem, was er sagen wollte. Er räusperte sich und meinte dann: „Manchmal bin ich so

wütend, dass ich weinen könnte und dann werde ich noch wütender und zwar auf mich, weil ich nicht will dass mir die Tränen in meine Augen steigen, weil ich nicht will dass die anderen sehen dass ich gleich weine. Es ist echt doof vor anderen zu weinen, wenn man doch gerade total sauer ist. Ich will dann meine Tränen nicht haben, die nerven dann, ich will den anderen zeigen, dass ich stark bin und so richtig wütend auf das, was sie gemacht haben. Ich habe mich von meinem Vater losgerissen und mich weggedreht, damit niemand so genau mein Gesicht sehen konnte und hab dann was gemacht, was ich ohne die Gefahr der doofen Tränen vielleicht nie gemacht hätte, aber ich muss dann was machen was mich wieder stark wirken lässt. Ich habe dann angefangen rum

zuschreien, wurde total laut und hab Sachen gesagt, die den anderen weh tun." Jakob wurde ganz still und zog sich nur von Zeit zu Zeit die Nase hoch. Mathea griff sich in die Hosentasche und fischte sich ein Taschentuch raus und hielt es Jakob hin. Er nahm es und wischte sich über die Nase. Mathea legt vorsichtig ihren Arm um seine Schulter und meinte: „Manchmal ist echt alles zu viel." „mmh!" war seine Antwort. Jakob wirkte nicht mehr so angespannt, nicht mehr ganz so starr. Sie saßen eine ganze Weile so da bis Mathea meinte: „Was meinst du wollten wir weiter fahren." Er nickte. Schweigend nahmen die beiden wieder ihre Räder aus dem Gras. Die Stimmung war zwar noch etwas seltsam, aber Mathea meinte das Jakob etwas erleichtert wirkte und dann lachte sie ihn an und rief ihm zu:

„Los, wer zuerst unten am See ist!" Jakob Gesichtszüge veränderten sich, er lachte und schwang sich auf sein Rad und sauste los, rief dabei über seine Schulter: „Bin schon unterwegs!" Sie fuhren, dass die Steine unter ihren Rädern davon sprangen und der Sand knirschte. Sie lachten, traten in die Pedale und kämpften gegen den Wind an, der über die Felder rauschte und an den Bäumen und Blättern rüttelte. Ihre Jacken flatterten und außer Atem fuhren sie fast zeitgleich auf das Wiesenstück, hinter dem der See lag. **Jakob spürte, dass ihm die Bewegung, die Anstrengung gut getan hatte**, all seine Gefühle waren zwar noch da, aber bei weitem nicht mehr so stark wie vorher und das tat gut. **Auch tat es gut mit Mathea zu reden**, sie war eben eine echte Freundin, er vertraute ihr. Freunde helfen sich gegenseitig und dürfen sich ihre Gefühle zeigen, ohne dass jemand lacht, das ist ja klar. Sie schoben ihre Räder und gingen den Uferweg entlang. Mathea blickte zu ihm rüber: „Und was machst du jetzt? Verträgst du dich wieder mit ihnen?" „Ach, ich bin noch so sauer auf meinen Bruder; kleine Brüder sind einfach doof!" Mathea sah Jakob von der Seite an und sagte vorsichtig: "Vielleicht sind kleine Brüder einfach nur klein." Jakob trat wieder gegen einen Stein und seine Gesichtszüge wurden wieder etwas fester, es kam nur ein „Mh" aus ihm. „Weißt du, zuhause bin ich die kleine Schwester, begann Mathea wieder vorsichtig. Ich bin ja viel älter als dein Bruder jetzt, als ich aber jünger war habe ich meine ältere Schwester, glaube ich, auch oft genervt." Mathea machte eine kurze Pause und bemerkte wie Jakob sie immer wieder von der Seite aus ansah, sein Gesicht wurde wieder etwas weicher. „Ich wollte das machen, was sie macht, wollte bei ihr sein, kleinere Geschwister bewundern manchmal ihre älteren Geschwister, weißt du. Sie können das leider nur auf diese nervige Art zeigen." Jetzt lachten sie beide und Jakob zog dabei seine Augenbrauen hoch und schüttelte leicht mit seinem Kopf. „Du warst also auch so eine wie mein kleiner Bruder, wie schrecklich!" Er knuffte Mathea in den Arm und grinste, „Zum Glück sind wir Freunde und keine Geschwister!" „Naja, dass er dich geschubst hat, weil er nicht das gleiche Eis bekommen hat wie du ist und bleibt echt doof und hat sicherlich auch was damit zu tun dass er total müde war. Da geht dann nichts mehr, das kennst du doch auch von dir selbst, wenn du super müde bist, ist da nix mehr mit Geduld, oder? Er ist noch so klein." „Ja, meinetwegen, aber wie sich meine Eltern verhalten habe ist echt unfair, ich habe dann auch kein Eis mehr bekommen und sie haben nur meinen Bruder getröstet. Und dann haben sie sich aufgeregt, weil ich so sauer war und weil ich ... ich habe einige Sachen gesagt wo ich wusste das sie sie ärgern und ihnen weh tun." „Naja, ich habe den Eindruck das dich deine Eltern echt lieb haben und ihr euch meistens gut versteht.

Vielleicht magst du ihnen von dem erzählen, was dich genau so sehr geärgert hat und dass du es als unfair empfunden hast?" Jakob blieb stehen: „Ach nee, lieber nicht, ich bin immer noch sauer auf sie, ich weiß nicht ob ich das kann." Mathea sah Jakob in die Augen: "Wenn du etwas getan hättest, was mich verärgert hätte und du es vielleicht gar nicht so gemeint hast. Wäre es dir dann recht, wenn ich dir sauer wäre ohne je wieder mit dir zu reden!?" „NEIN! Natürlich nicht, ich würde wollen, dass du mir sagst was los ist, damit wir wieder Freunde sein können!" „Siehst du, meinte Mathea lächelnd, „ich kann mir vorstellen, dass deine Eltern auch gerne wissen wollen was mit dir los ist. **Wenn man mit jemanden nicht bespricht, was man doof findet und über was genau man sich geärgert hat, weiß der andere ja gar nicht was er falsch gemacht hat. Ich denke das ist wichtig, dass man das tut, wenn man will das es besser wird.** So allmählich ließen die beiden den Uferweg hinter sich und kamen wieder zurück auf den Feldweg. Bevor sie wieder auf ihre Räder stiegen, fragte Mathea: „Magst du mit deinen Eltern reden, wenn du willst kann ich auch mitkommen, schließlich sind wir doch Freunde, oder?" „Ich werde es mir überlegen", meinte Jakob indem er Mathea zunickte, „was machen wir denn heute noch, ich hab noch eine Stunde bevor ich wieder zurück muss." Mathea griff sich in die Hosentasche und holte ein paar Münzen heraus, sie lächelte Jakob an und meinte: "Also wir haben hier ja auch eine gute Eisdiele, ich habe ein wenig Taschengeld und du keinen kleinen Bruder dabei, also, auf was warten wir – die haben da bestimmt auch Mangoeis, los." Mathea trat in die Pedale und Jakob folgte seiner Freundin. Ihm war es leichter ums Herz. Der Nachmittag mit Mathea tat ihm gut. Sollte er wirklich mit seinen Eltern reden? Das würde er nach dem Eis entscheiden, jetzt musste er erstmal versuchen Mathea einzuholen, deren rote Jacke im Wind vor ihm her flatterte.

Diskussionsteil:

Kennst du auch solche Gefühle wie die von Jakob?

Kannst du verstehen, wie er sich gefühlt hat? Wie hättest du an seiner Stelle reagiert?

Was würdest du Jakob raten, wie hätte er sich noch in der Situation verhalten können, als ihn sein kleiner Bruder gestoßen hat?

Meinst du das das Zurückschubsen seines kleinen Bruders gut war, dass es die Situation verbessert hat?

Was würdest du Jakob raten, sollte er mit seinen Eltern reden, oder besser nicht?

Wenn „Ja", warum sollte er das tun?

Was meinst du, wie könnten die Eltern von Jakob reagieren?

Wenn du meinst, eher „NEIN", gib Jakob eine Erklärung dafür.

Kannst du erkennen, was Jakob geholfen hat, dass er sich besser fühlte?

- anstrengende Bewegung
- über das Vorgefallene reden z.B. mit einem Freund oder jemanden dem du vertraust UND sagen kannst was du dabei empfunden hast (das ist ganz wichtig!!!)
- auch mit den Menschen reden, die dabei beteiligt waren, wenn es dir wichtig ist, dass die Situation wieder besser wird
  (Denn dann könnt ihr euch alle besser verstehen, ihr könnt wenn die Situation wieder passiert anders reagieren)

Wir waren fest verabredet!!

Atemlos und lachend kamen die beiden bei der Eisdiele an. Sie stellten ihre Räder ab und standen vor einer riesigen Auswahl von leckeren Eissorten. Mathea spendierte jedem eine Kugel und die beiden schlenderten zu einer nahegelegenen Mauer und setzen sich dort hin. Der Himmel war strahlend blau und obwohl die Sonne schon an Kraft verloren hatte, leuchtete sie hell und wärmend. Als die beiden in dieser schönen Herbststimmung ihr Eis aßen, bemerkte Jakob, das Mathea nun so merkwürdig still war. Er hatte den Eindruck, dass sie etwas sagen wollte. Er blickte zu ihr rüber und ihre Blicke trafen sich: „Was ist los?" fragte er. Mathea sah auf ihre Schuhspitzen und fing an zu erzählen: „Ach, ich hatte heute einen blöden Tag in der Schule." „Was war denn?", ermunterte Jakob, damit Mathea weitererzählte. „Meine Eltern und Lisas Eltern hatten vereinbart, dass wir über Halloween in ein in einen Vergnügungspark fahren. Da ist es dann gerade total cool, ich habe mich die ganze Zeit schon darauf gefreut, das weißt du." Jakob nickte zu Matheas Worten. „Und jetzt kann Lisa nicht und wir fahren dann auch nicht, toll, oder?" Finster blickte Mathea zu Jakob. „Ich bin so was von sauer, nur wegen dem blöden Orchester, als würde ein Konzert mehr oder weniger so viel ausmachen." „Was für ein Konzert?, fragte Jakob, der Mathea besser verstehen wollte. „Na, Lisa spielt doch Geige und nun wurde ein zusätzlicher Auftritt eingeplant und der ist genau an dem Wochenende, an dem wir im Vergnügungspark sein wollten. Ich habe heute versucht Lisa zu überreden, vielleicht nicht auf das Konzert zu gehen und ich hab ihr erzählt wie super es in dem Park gerade an Halloween ist. Aber keine Chance. Sie sagte es täte ihr leid, sie hätte sich auch gefreut, aber sie könne den Termin nicht absagen und wir könnten ja nächstes Jahr fahren. In einem Jahr, so ein Quatsch, oder? Ich bin so sauer, es war alles geplant und vereinbart und jetzt macht sie alles kaputt, diese blöde Kuh." Mathea war total aufgeregt, Jakob konnte ihre Anspannung und Wut spüren.

Er kannte die Gefühle auch von sich selbst, die er gerade bei Mathea wahrnahm. Jakob merkte, dass Matheas Wut ihr zeigte, was sie so gar nicht in Ordnung fand. Und sie verspürte den Druck das genau herauszulassen. Jakob fragte vorsichtig: „Was hast du dann gemacht, als Lisa ihren Konzerttermin nicht absagen wollte?" Matheas Gesichtszüge wurden härter und es platzte aus ihr heraus: „Ich habe ihr gesagt, dass sie total gemein ist, dass sie eine blöde Kuh ist, dass sie alles kaputt macht, nur an sich denkt und eine echt miese Freundin ist." „Und was hat dann Lisa gesagt?" „Nichts mehr, glaube ich. Ich habe sie einfach stehen lassen, ich habe die Schnauze voll. Was gibt es da noch zu sagen?" Mathea stand mittlerweile vor Jakob und hatte die Arme vor ihrer Brust verschränkt. Mathea und Lisa sind schon super lange befreundet und es wäre sehr schade, wenn diese Freundschaft an so etwas zerbrechen würde. Jakob wollte Mathea helfen es anders zu sehen, damit Mathea Lisa besser versteht und dadurch ihrer Freundin nicht mehr so böse sein muss. Jakob hatte den Eindruck, dass er jetzt vorsichtig sein muss, damit Mathea nicht aus den Augen verliert, dass er ihr Freund ist und auf ihrer Seite. Er versuchte es so:

„So wie du deine Malerei liebst, liebt Lisa ihre Geige und Musik, das weißt du?!" Mathea brummte nur: „Mh." Und blickte irgendwohin in die Ferne. „Es gibt also etwas, was dir wirklich ganz unglaublich wichtig ist?" Mathea nickte und sah Jakob jetzt an. „Und stell dir vor, du müsstest wegen dieser unglaublich wichtigen Sache deiner Freundin sagen, dass du eine Verabredung mit ihr absagen musst. Du weißt, dass du sie damit enttäuschst und ihr wehtust, was du eigentlich nicht willst. Aber du kannst und willst den dazwischen gekommenen Termin nicht sausen lassen, weil auch andere Mitwirkende davon betroffen sind, wenn du nicht da bist. Kannst du dir vorstellen, in welcher Zwickmühle sich Lisa befindet?" Mathea atmete aus und ließ ihre Schultern hängen. Noch immer enttäuscht sagte sie: „Ja, schon..." „Und Lisa hat recht, Halloween kommt immer wieder, der Auftritt an diesem Ort vielleicht nicht mehr. Und ich verstehe ganz klar deine Enttäuschung, du hast dich darauf gefreut und dich darauf eingestellt. Ich würde mich nicht anders fühlen. Ich wäre auch enttäuscht." Jakob legte seine Hand auf Matheas Schulter und redete weiter: „Lisa ist deine Freundin, sie fühlt sicher auch gerade schlecht. Sagtest du nicht, dass sie meinte es täte ihr auch leid, sie hatte sich doch auch darauf gefreut?" „Ja das hat sie gesagt und ich glaub sie hat das auch echt so gemeint", sagte Mathea nun etwas ruhiger. „Ich kann mir gut vorstellen, dass Lisa zuhause ist und total traurig." Nach einer Weile nickte Mathea und brummelte.

„ Mh, ja, kann sein. Eigentlich wollte ich, dass sie sich schlecht fühlt, damit sie weiß, wie mir es geht. Aber jetzt tut es mir schon wieder leid, was ich alles zu ihr gesagt habe." Mathea rückte näher an ihren Freund, lehnte ihren Kopf an seine Schulter und sagte: „Es gibt echt Tage, an denen es mir einfach reicht." „Da hast du total recht." Die beiden blickten sich an und grinsten. Es war Zeit aufzubrechen und nach Hause zu fahren. Als sie zu den Rädern rüber gingen sagte Jakob zu Mathea: „Kannst du dir vorstellen, wenn du dich ein bisschen beruhigt hast mit Lisa zu reden? Dann kannst du ihr vielleicht sagen, wie du dich fühlst, also ohne sie zu beschimpfen. Wäre doch auch schön, wenn du von ihr erfährst, wie sie das alles empfunden hat, oder? Wenn du willst, kann ich auch dabei sein, aber sicher störe ich, ihr beiden seid doch eigentlich super Freundinnen." Er knuffte Mathea in den Arm und Mathea lächelte, jetzt deutlich entspannter. „Ja, ich rede mit ihr, an so was sollte unsere Freundschaft nicht kaputt gehen, da hast du Recht."

Gerade wollten sie losfahren, da meinte Jakob zu ihr: „Wenn du Lust hast, können wir ja auch was Schönes an diesem Wochenende machen. Ich glaube es gibt eine Ausstellung, die dich interessieren wird und ein Halloweenfest in unserer Nähe finden wir auch." Mathea lachte ihn an: „Prima, so machen wir das!" Die beiden sausten los, um noch pünktlich zu Hause zu sein.

Diskussionsteil:

- Kannst du benennen, was den Gefühlen wie Wut und Enttäuschung die Kraft nehmen kann?

- Kannst du die Gefühle der Enttäuschung von Mathea verstehen? Kennst du sie selbst von dir?

- Kannst du ein Beispiel nennen?

- Wie hättest du reagiert an Matheas Stelle? Kannst du Mathea einen Tipp geben, was sie jetzt tun könnte?

- Gefühle hat jeder, auch der, auf den wir sauer sind. Was meinst du fühlt sie?

Gefühle sind wichtig, auch die, die wir vielleicht nicht so mögen. Sie zeigen uns, wenn wir uns unwohl fühlen. Ich meine es sollte uns möglichst gelingen, dass wir Gefühle haben und die Gefühle nicht uns haben.

Verstehst du, was ich meine?

Wenn du es schaffst dich auch in den hineinzuversetzen, der dich aufregt, dann kannst du deinen unangenehmen Gefühlen die Kraft nehmen und wieder mehr der „Bestimmer" von dir selbst bleiben.

**Das braucht natürlich viel Übung, die Mühe lohnt sich aber!
Versuchs doch mal!**

Kannst du

nicht

aufpassen!?

Der Herbst schritt voran und die Tage vergingen wie im Flug. Das Laub der Bäume färbte sich in wunderschöne, bunte Farbtöne und der Wind zerrte an den Blättern, die allmählich kleine Hügel um die Bäume bildeten. An sonnigen Tagen strahlte alles in einem schönen Licht. Die beiden Freunde verbrachten regelmäßig Zeit miteinander. Meistens fuhren sie zusammen zur Schule, aber selten wieder gemeinsam zurück, da sie nicht in die gleiche Klasse gingen und zu unterschiedlichen Zeiten Schulschluss hatten.

Hin und wieder gingen sie zusammen ins Kino, trafen sich gemeinsam mit anderen Freunden, oder jeder unternahm was mit einem anderen. Zum Beispiel waren Lisa und Mathea wieder gute Freunde. Das wäre auch anders wirklich zu schade gewesen. **Mathea hatte sich Zeit genommen, um sich ein wenig zu beruhigen. Was ganz wichtig war. Dann hatte sie sich vorgestellt, wie sich Lisa vielleicht fühlte und sich ein Herz gefasst und Lisa ganz mutig gefragt ob sie sich nach der Schule mit ihr treffen mochte.** Lisa war etwas verunsichert, sagte aber zu. **Die beiden hatten über alles gesprochen und verstehen sich jetzt sogar noch besser als vorher, da sie gelernt haben, miteinander auch in solchen Situationen umzugehen.** Jakob musste nicht als Vermittler dabei sein. Er war ganz erleichtert und froh als Mathea später davon erzählt hatte und alles wieder gut war und auch er hatte den Eindruck, dass Mathea ebenso erleichtert war und wieder viel fröhlicher.

Auch Jakob hatte sich mutig vor seine Eltern gestellt und ihnen gesagt, dass er sich ungerecht behandelt gefühlt hatte. Er ist anders als Mathea, er regt sich nicht so schnell und so heftig auf wie sie. **Es war aber auch für ihn nicht leicht alles so zu sagen was ihm wichtig war.** Allerdings fühlte er sich danach federleicht und er merkte, dass seine Eltern ihn ernst nahmen und ihm interessiert zuhörten. **Er wollte, dass Mathea dabei war, seine Freundin gab ihm irgendwie Kraft.** Seine Eltern fanden es schön, dass er ihnen von dem erzählte, was in ihm vor ging. Auch Eltern sind nur Menschen, auch ihnen kann es nicht gelingen, jedem gerecht zu werden. Es ist wichtig, dass man miteinander redet, damit man sich besser verstehen lernt und beim nächsten Mal besser aufeinander aufpasst und vorsichtiger ist.

Kannst du nicht aufpassen!?

Jakob schlenderte den breiten Gang entlang, voller Freude so unerwartet Zeit zu haben. Er wollte bei Mathea vorbeischauen, die heute ihre Freistunde im Aufenthaltsbereich der Schule verbringen wollte. Dort befanden sich die verschiedensten Spiele, Tischkicker, Bastelmaterialien und auch die Malsachen, auf die es Mathea bestimmt abgesehen hatte. Sicher war sie wieder am Malen. Jakob öffnete gut gelaunt die Tür des Beschäftigungsraumes und sah Mathea an einem Tisch sitzen, um sich herum hatte sie einen Wassermalkasten, ein Glas, vielerlei Pinsel und war in ein Bild vertieft. Lisa saß neben ihr und las in einem Buch. Er ging zu den beiden. Als Mathea ihn bemerkte, grinste sie breit und sagte: „Was machst du denn hier?" „Tja, unerwartete Freizeit, unser Mathelehrer ist krank und da wollte ich mal bei dir vorbeischauen." „Super, willst du auch was malen?", fragte sie ihn. Da kam Annika zu ihnen und lehnte sich etwas über den Tisch, weil sie sich einen von den Pinseln nehmen wollte, die bei Mathea lagen. Irgendwie ging alles ganz schnell, es klirrte, das Wasserglas kippte um und der gesamte Inhalt ergoss sich über Matheas Bild. Die beiden Mädchen sprangen auf, dass ihre Stühle nach hinten fielen. Mit großen Augen starrte Mathea auf ihr verlaufenes Bild und auf das zu Boden fließende Wasser. „Oh nein!", stieß Annika erschrocken aus und ließ sich von der heraneilenden Betreuerin Tücher geben, mit denen die beiden eilig das Wasser eindämmen wollten. Jakob, der längst auch aufgestanden war, blickte zu Mathea hinüber. Sie hatte ein ganz rotes, wütendes Gesicht, ihr Körper wirkte starr. „Du blöde Kuh, kannst du nicht aufpassen?" Sie stieß Annika vom Tisch weg und blickte ungläubig auf ihr völlig durchnässtes Bild, das eigentlich keines mehr war. Erschrocken wich Annika vor ihr zurück. „Hör auf! Sie hat es nicht mit Absicht getan!", kam es von der Betreuerin. „Das ist mir doch egal, wie kann man nur so dumm sein, mein Bild ist jetzt kaputt, jetzt kann man es wegschmeißen! Und daran bist DU SCHULD!" Mathea blickte mit funkelnden Augen zur armen Annika, die ein leises: „Es tut mir leid." Von sich gab. „Das sollte es auch! Soll ich mir mal dein Bild vornehmen und es kaputt machen?" Angriffslustig ging Mathea zu Annikas Tisch hinüber. Gleichzeitig stürmten die Betreuerin und auch Jakob heran. „Mach das nicht!", kam es aus der jungen Frau. Jakob ergriff Mathea am Arm und sagte so ruhig es ihm möglich war: „Wir drei gehen jetzt mal hier raus." Jakob blickte kurz zu Lisa, die ihm mit ernstem Blick zunicke. Mathea meckerte und schimpfte lauthals vor sich hin, ging aber mit den beiden. Auf dem Schulgelände stand ein

besonders großer Baum unter dem sich eine Bank befand, zu der die gingen die Kinder. Frisch war der leichte Wind, der in die Blätter fuhr und über den dreien rauschte. **Mathea atmete tief ein und bemerkte, wie es ihr guttat, die Luft zu spüren. Es fühlte sich viel freier an als drinnen. Es wurde ihr ein ganz klein wenig leichter um ihr Herz.** Aber dennoch war sie sauer und eigentlich noch viel mehr traurig, weil ihr Bild jetzt für den Mülleimer war. Wieder flammte die Wut in ihr auf: „Wenn die blöde Kuh wenigstens aufgepasst hätte!" Ihre beiden Freunde sahen sie ernst an. „Sag mal", fing Lisa an, „Ist dir schon mal ein Missgeschick passiert, also etwas, was du wirklich nicht wolltest." Mathea verschränkte die Arme vor ihrer Brust. Trotzig antwortete sie: „Was soll das, natürlich ist mir sowas schon mal passiert. Das kennt doch jeder." „Was war das denn, was dir da passiert ist?", wollte Jakob wissen. Mathea blickte irgendwohin in die Ferne. Es dauerte eine längere Weile, bis sie antwortete: „Ich hab eine Vase von meiner Mutter runterfallen lassen." „Und war es sehr schlimm?", meinte Lisa. Jetzt sah Mathea sie verwundert an: „Wie meinst du das, sehr schlimm?" „Ich meine, hat sie dich sehr beschimpft, war sie sehr böse auf dich?" Mathea sah zu Boden und stieß mit ihrem Fuß gegen einen Stein: „Naja, ich glaube sie war ein wenig traurig, ich denke sie mochte die Vase. Sie hat mich nicht geschimpft." Matheas Aufregung wich aus ihrer Stimme, als sie erzählte: „Ich war traurig, als ich sie die Scherben zusammenkehren sah, es tat mir leid.

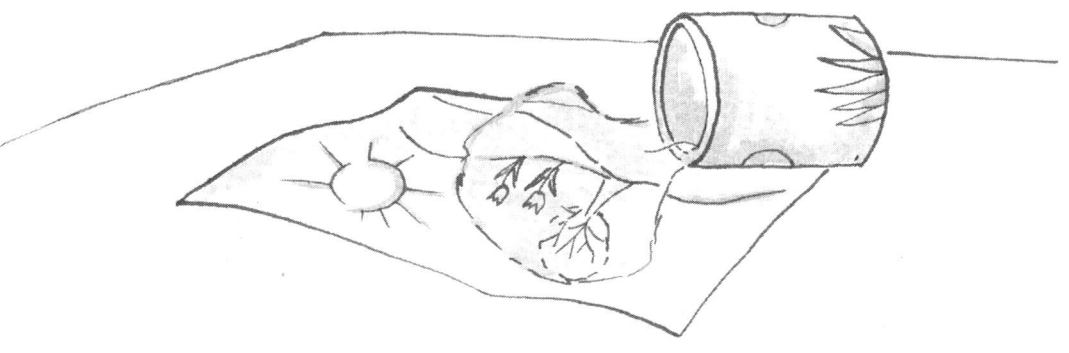

Ich wollte so sehr aufpassen, aber dann ist es passiert und alles lag am Boden." Mathea war jetzt viel ruhiger. Jakob und Lisa wechselten einen Blick. „Weißt du was?", fragte Jakob in Matheas Richtung: „Ich glaube Annika, fühlt sich ganz ähnlich wie du damals mit der zerbrochenen Vase. Ihr war das eben ganz schön unangenehm und ich bin mir sicher, dass es ihr sehr leid tut." „Ich mir auch", sagte Lisa. Mathea atmete laut aus, legte ihren Kopf in den Nacken und blickte hinauf in den großen Baum mit seinen schillernden bunten Blättern, in die die Sonne wunderschöne Lichter hineinzauberte. „Schade um mein schönes Bild." „Ja", sagten Jakob und Lisa fast gleichzeitig. Die Lehrerin kam auf die drei zu und fragte sie, ob sie nicht wieder reinkommen wollten. Annika würde es wirklich leid tun was passiert ist, sie hätte sogar eben etwas weinen müssen. Mathea wirkte jetzt deutlich ruhiger, sie war immer noch aufgewühlt. Sie fühlte sich jetzt mehr traurig als wütend. Die drei begleiteten die junge Frau und gingen in den Beschäftigungsraum. Der Tisch war wieder trocken, die Stühle standen an ihrem Platz und Annika saß auf einem von ihnen. Über der Heizung hing Matheas Bild. Annika stand auf, als die vier den Raum betraten und kam auf Mathea zu. Etwas schüchtern blieb sie vor Mathea stehen und meinte: „Es tut mir wirklich leid, es war keine Absicht." „Mh, ja ich weiß", kam es aus Mathea heraus. „Und mir tut es leid, dass ich so hässliche Sachen zu dir gesagt habe. Ich weiß, dass Missgeschicke passieren können. Ich habe mal eine Vase von meiner Mutter kaputt gemacht. Da war sie traurig und ich dann auch." „Mh", meinte Annika und nickte Mathea freundlich zu. „Vielleicht magst du mit mir zusammen ein Bild malen, von deinem Bild ist leider, außer bunter Farbe nichts mehr zu erkennen. Aber wir könnten aus ihm ein neues machen – zusammen, was meinst du?" Mathea wusste, dass Annika gut malen konnte. Vielleicht war das gar keine schlechte Idee, so was hatte sie noch nie gemacht, mit jemanden anderem zusammen an einem Bild zu gemalt. „Das finde ich gut", kam es von Lisa, und Jakob nickte Mathea lächelnd zu. „Ok, das würde ich gerne machen", sagte Mathea und lächelte Annika zu.

Diskussionsteil:

Ich finde, die drei haben einige Dinge sehr gut gemacht, um die Situation zu lösen.
Sind sie dir aufgefallen?

Ortswechsel
Jakob und Lisa haben Mathea geschnappt und sind mit ihr erst mal raus gegangen
Man kann, bevor man schlimme verletzende Sachen sagt, den Raum verlassen. Oft hilft das, Abstand zu der Situation zu bekommen und zu den „starken" Gefühlen, mit denen du vielleicht andere verletzen könntest.

Es ist total ok, zu dem anderen zu sagen, dass du jetzt erst mal von dem Ort des Streits weg musst. Wenn du dich etwas beruhigt und den Eindruck hast, wieder ein Gespräch führen zu können, kannst du ja wieder zurückkehren.

Schlimmeres verhindern
Den anderen zurückhalten „total auszuflippen"
Mathea hatte Annika ganz schön angeschrien und in ihrer Wut gemeine Sachen zu ihr gesagt. Ohne Jakob hätte noch Schlimmeres passieren können. Wenn dich jemanden anschreit bist du verletzt. Genauso geht es jemanden, wenn du ihn anschreist.

Es ist ok deine Wut herauszulassen, aber nicht so, dass du andere verletzt.
Du willst doch auch nicht weh getan bekommen oder angeschrien werden, oder?

Verständnis für den anderen schaffen
Jedem kann etwas schief gehen. Mathea kennt das selbst von sich mit der Vase ihrer Mutter. Das wäre sicher total doof gewesen, wenn die Mutter geschrien und beschimpft hätte. Was passiert war, war schlimm genug.

Möglichkeiten zum „Wieder-gut-machen" zeigen
Ein neues Bild zusammen malen

Hast du schon Erfahrung damit, was dir hilft, wenn du wütend bist?
Was könnte Mathea mit ihrer Wut tun, hast du einen Tipp für sie?

Vertrauensbruch

Vertrauensbruch

Alle stürmten in den Umkleideraum und klopften sich gegenseitig auf die Schultern. Überall sah Jakob in fröhliche Gesichter. Der Geräuschpegel war hoch und die Stimmung war ausgelassen. Sie hatten alle alles gegeben und waren als Sieger vom Platz gegangen. Was für ein Tag! Jakob fühlte sich supergut, er war glücklich. Er war total aufgeregt und merkte erst, als er sich auf die Bank setzte, wie schlapp er war. Manchmal umarmten sich die Jungs, klatschten sich ab oder stießen Jubelschreie aus. Sie hatten sich dieses Jahr sehr verbessern können und die Mannschaft konnte zufrieden mit sich sein. Heiser rief Jakob: „Ihr wart SUPER Jungs!" Sie zogen sich um. Jeder, der den Umkleideraum verlassen wollte, kam zuvor noch mal an Jakob vorbei und hielt ihm seine Hand hin, damit er einschlug. Jakob war der Kapitän der Fußballmannschaft. Er war zwar nicht der beste Spieler, wurde aber von den anderen sehr anerkannt. Vielleicht weil er auch in stressigen Momenten Ruhe bewahrte und andere lobte, wenn sie mit ihrem Einsatz das Team besonders unterstützten. Irgendwie tat es der Mannschaft gut, Jakob als Kapitän zu haben. Er trug bei offiziellen Spielen, die also nicht nur Training waren, eine Armbinde, die jedem zeigte, dass er der Spielführer war. Diese Binde zog er sich gerade vom Oberarm und ließ sie in seine Tasche fallen, als er von jemandem vor der Umkleide gerufen wurde. Sein Blick schweifte vom Tascheninhalt ab, er erhob sich und ging vor die Tür. Als er nach einer Weile wieder an seinen Platz zu seinen Sachen zurückkehrte, war keiner mehr in der Umkleide und er zog sich schnell um, da seine Eltern draußen auf ihn warteten. Als er seine Sportkleidung zusammenraffte und in die Tasche stopfen wollte, sah er in seine Tasche und stand dann ganz still. Er sah seine Kapitänsbinde nicht mehr. Verwundert warf er seine Sachen wieder auf den Boden, kniete sich vor seine Tasche und durchwühlte sie – nichts, die Kapitänsbinde war nicht zu finden. Jakob durchwühlte auch seine Sportsachen, obwohl er sicher war, die Armbinde in die Tasche gelegt zu haben. Sie war auch nicht auf dem Boden zu finden, auch nicht auf der

Sitzbank. Die Binde war weg. Jakob stemmte erschöpft die Hände in die Hüften und starrte auf den Boden, „Wie konnte das nur sein?", dachte er. Ein seltsames Gefühl stieg in ihm hoch, es verdrängte die Ausgelassenheit und die Freude von vorher. Plötzlich stand sein Vater im Türrahmen. „Wo bleibst du denn? Wir wollen los." Jakob sah ihn nur an und sagte: „Ich kann meine Kapitänsbinde nicht finden. Sie ist einfach weg. Vorhin habe ich sie ausgezogen und in meine Tasche gelegt. Jetzt ist sie nirgends zu finden." „Seltsam, komm wir sehen noch mal zusammen nach, vier Augen sehen mehr als zwei", sagte sein Vater. Aber die Binde blieb verschwunden. Schwer legte sich etwas auf Jakobs Brustkorb, als sie nun mit gepackter Tasche zum Parkplatz rüber gingen, wo seine Mutter mit seinem kleinen Bruder wartete. " Jakobs Mutter sah ihn verwundert an, weil er so gar nicht mehr wie jemand aussah, der gerade gewonnen hatte. Sein Vater warf die Sporttasche in den Kofferraum und erklärte ihr mit kurzen Worten die schlechte Laune ihres Sohnes. Während der Autofahrt war es total still im Auto. Jakob lehnte seinen Kopf an die Scheibe und starrte aus dem Fenster. Zuhause angekommen, wollte Jakob in sein Zimmer gehen, er wollte allein sein. Er war traurig. Seine Mutter rief ihn zurück ins Wohnzimmer und sagte: „He, du hast heute gewonnen. Lass dir das doch nicht von der verlorenen Armbinde vermiesen." „Ich habe sie nicht verloren", sagte Jakob etwas lauter als gewollt, „ich habe sie in meine Sporttasche gelegt, das weiß ich genau! Und es war auch nicht irgendeine Armbinde! Mit DIESER habe ich dieses Jahr ganz viele Spiele gewonnen und mit keiner anderen. Sie ist mir wichtig, das ist nicht nur irgendein Stück Stoff!" Um sein Herz fühlte sich alles ganz eng an. Er ging zur Couch herüber, ließ sich niedersinken und legte seinen Kopf in seine Hände. Sein Vater kam zu ihm und legte einen Arm um ihn. Jakob ließ es zu und lehnte sich an ihn. „Ich mach dir einen heißen Kakao und dann sehen wir weiter. Vielleicht fällt uns noch ein, wo die Binde abgeblieben sein kann." „Sie ist weg, wir haben alles abgesucht!", sagte Jakob frustriert. Gerade als der Kakao fertig war, klingelte es an der Tür. Etwas verwundert sahen sich die drei an. „Jakobs Mutter öffnete die Tür und da stand Yannick mit seinem Vater. Yannick war ein Kumpel aus seiner Mannschaft. Und seltsamerweise sah Yannick auch bedrückt aus, als er mit seinem Vater ins Wohnzimmer trat. Jakob Eltern boten den beiden einen Platz an, aber sie lehnten ab und blieben im Raum stehen. Es war nun eine ganz seltsame, bedrückende Stimmung im Zimmer. Abwartend sahen die drei ihre Besucher an. „Yannick möchte etwas sagen", meinte der Vater seinem Sohn zunickend. Um ehrlich zu sein, sah Yannick nicht so aus, als wollte er etwas sagen. Er blickte zu Boden und schien total unglücklich und unsicher zu sein. Jakob wunderte sich über seinen Kumpel. Und statt dass Yannick etwas sagte, griff er mit langsamen Bewegungen in seine Hosentasche und holte ein Stück Stoff heraus. Er faltete es auseinander und hielt dem ungläubigen Jakob seine Kapitänsbinde entgegen. Voller Freude blickte Jakob in Yannicks Handfläche und nahm lachend den für ihn wichtigen Gegenstand entgegen. Jakob hob seine Hand und hielt sie Yannick entgegen, damit dieser einschlug, „DU hast sie gefunden, ich habe sie überall gesucht! Danke!! Du weißt ja wie wichtig sie mir ist, das ist meine Gewinnerbinde!" Jakob war wieder ganz fröhlich. Aber Yannick nicht! Yannicks Vater legte eine Hand auf die Schulter seines Sohnes und nickte ihm wieder zu, als dieser kurz zu ihm herüberblickte. Der Junge schaute auf dem Boden als er zögerlich anfing: „Ich... ich habe sie nicht gefunden." Jakob war verwirrt: „Du hast sie doch gerade aus deiner Hosentasche gezogen." „Ja, habe ich. Ich habe sie ... sie aus deiner Sporttasche genommen, als du vorhin den Umkleideraum verlassen hast." Yannick schluckte schwer und jetzt sah er Jakob unsicher an. „Du hast was!?" In Jakob fühlte es sich an, als habe jemand ein Feuer entzündet, ihm wurde heiß und alles spannte sich an bei seinen Worten. „Sag mal spinnst du, du hast in meine Tasche gegriffen und meine Armbinde geklaut? Du?" Jakob merkte, wie seine Mutter ihm vorsichtig ihre Hand auf seinen Arm legte. Leicht milderte dies das Feuer in ihm ab, bis es durch seine Gedanken wieder größer wurde. Ihm schossen so viele Eindrücke auf einmal durch den Kopf. Erst die Freude durch den Sieg, die Trauer um den verloren geglaubten geliebten Gegenstand und jetzt stand sein Kumpel Yannick vor ihm, der sagte, dass er ihm was aus seiner Tasche weggenommen hatte. Ihn bestohlen hat. „Wie kannst du sowas machen, wir sind doch Kumpel?! Du hast meine Tasche durchwühlt und mich bestohlen", schrie er ihm entgegen. Yannick wechselte von einem aufs andere Bein und schien immer unsicherer zu werden. „Ich wollte dich nicht bestehlen, ich wollte die Binde nur auch einmal kurz anziehen. Ich habe mich aber nicht getraut, dich zu fragen und ich wollte auch nicht, dass es jemand von den anderen sieht." Yannick kämpfte mit den Tränen und sah wieder nur zu Boden. „Ich hätte sie dir beim nächsten Training in deine Tasche zurückgelegt. Ganz ehrlich!" Bei den letzten Worten blickte er zu Jakob. Wieder schluckte Yannick schwer: „Es tut mir leid! Ich wollte dich nicht bestehlen, wir sind doch Kumpel." Jetzt liefen die Tränen, die er zuvor so mühsam zurückgehalten hatte. Jakob war hin und her gerissen, er war durcheinander. Auf der einen Seite war er unglaublich von Yannick enttäuscht, er hatte ihm ein solches Verhalten nie zugetraut. Auf der anderen Seite wäre es ja total ok gewesen, wenn Yannick ihn gefragt hätte, ob er die Armbinde auch mal kurz anziehen dürfe. Er verstand nicht, warum er das nicht getan hatte. **Er war nicht mehr sicher, wie er sich Yannick gegenüber verhalten sollte.** So kannte er ihn noch gar nicht. Würde er wieder bei Gelegenheit was aus seiner Tasche nehmen, wenn Jakob nicht hinsah? Dabei fand er Yannick immer einen klasse Typ, er mochte ihn. Yannick schniefte, weil er weinte, während er immer noch auf den Boden sah. Jakobs Mutter stand auf und meinte, dass sie es für gut hielte, wenn sich Yannick und sein Vater zu ihnen auf die Couch setzen würden. Und sie würde kurz in die Küche gehen, um für alle Kakao zu machen. Mit einem warmen Kakao in der Hand würde sich bestimmt besser noch mal über alles reden lassen.

Diskussionsteil:

Das Großartige am **Vertrauen** ist, man kann es nicht kaufen, man kann es nicht erzwingen – es wächst einfach aus einem guten Verhalten zwischen 2 Menschen. Mit „gutem Verhalten" meine ich, dass der andere uns als zuverlässig erlebt. Er kann sich auf uns verlassen, kennt uns als freundlich und ehrlich. Wenn er uns nicht nur einmal so erlebt, oder nur manchmal, sondern so gut wie immer, dann kann Vertrauen entstehen.
Vertrauen hat ganz viel mit Sicherheit zu tun.

Nehmen wir mal an, wir enttäuschen einen anderen Menschen, dann sagt man, dass das Vertrauen einen Bruch erhalten kann. Je nachdem, wie sehr er dieses Verhalten als Enttäuschung erlebt oder als starke Verletzung.
Wenn eine große Enttäuschung des Vertrauens erlebt wird, nennt man das einen Vertrauensbruch.

Dieser Bruch kann wieder „heilen". Zum einen braucht das Zeit, die jeder nutzen kann, um sich zu beruhigen. Und es benötigt ganz ehrliche Gespräche, in denen jeder offen sagen kann, wie er oder sie sich fühlt. Prima ist, es wenn es gelingt, dass jeder für den oder die andere Verständnis aufbringen kann. Wenn du dich in einen Menschen und seine Gefühle hineinversetzen kannst, nennt man das **Empathie** und die **ist wirklich superwichtig.**
Empathie ist eine Superkraft.

Kannst du das Erleben von Jakob nachempfinden und auch das von Yannick?
(Wenn deine Antwort „Ja" lautet –
Herzlichen Glückwunsch, dann ist schon was von der **Superkraft „Empathie"** in dir!!)

Vertraust du jemandem?

Wie ist das, fühlst du dich sicherer oder wohler bei jemandem, dem du vertraust, als bei jemandem, dem du nicht so oder gar nicht vertraust?

Woran mag das liegen?
Hat jemand schon mal dein Vertrauen enttäuscht?

Konnte der Bruch wieder „heilen"?

Starke-Gefühle-Notfallliste

Bei Frust oder starker Wut kann folgendes helfen:

- Körperlich aktiv sein, z.B. rennen, hüpfen, Rad fahren, auf einen Boxsack schlagen
- In ein Kissen schreien
- Ein Kissen gegen die Wand werfen
- Von der Situation, die die Wut in dir hervorgerufen hat, weggehen, um dich zu beruhigen, Stichwort „Ortswechsel"
- Menschen, denen du vertraust, die dich liebevoll, aber bestimmt zurückhalten „total auszuflippen"

Bei Enttäuschung, sich verletzt fühlen oder Trauer kann helfen:

- Weinen, am besten nicht nur allein, sondern bei einem anderen Menschen, der dich auch in den Arm nehmen kann, wenn du es willst
- Über deine Gefühle reden, mit einem Menschen, bei dem du dich wohl fühlst
- Frag dich selbst, was dir in diesem Moment guttun kann, was dich wieder stark machen kann. Oft kommt eine gute Antwort von innen.

Und wenn du dich, egal von welchen Gefühlen, wieder beruhigt hast, bitte denk dran dir auch vorzustellen, wie es dem anderen gerade gehen könnte.
Trainiere deine Empathie!

Empathisch sein, heißt sich in den anderen hineinzuversetzen.
Es bedeutet nicht, dir deswegen alles gefallen zu lassen, oder alles zu erdulden!

Traumreise

Einführung

Vielleicht weißt du ja schon, was eine Traumreise ist, vielleicht ist es aber auch gerade deine erste. Die beste Tageszeit dafür ist kurz bevor du dich schlafen legst. Natürlich funktioniert es auch wann anders. Auf jeden Fall solltest du in einem ruhigen Zustand sein und dich nicht gerade ganz kurz vorher aufgeregt haben. Mach es dir bequem, finde eine Position, in der du dich wohlfühlst – sitzend oder liegend, so, wie du es als angenehm empfindest. Vielleicht holst du dir noch eine kuschelige Decke, wenn du magst.

Dann brauchst du noch jemanden, der dir die Geschichte vorliest.

Jetzt kann es auch schon losgehen.

Jetzt nimmst du dir die Zeit nur für dich, wo du einfach mal zur Ruhe kommen und entspannen kannst. Wenn du es dir richtig schön gemütlich gemacht hast, spüre die Unterlage, auf der du dich befindest und wenn du magst, schließe deine Augen. Lege deine Hände mit den Handflächen auf deinen Bauch und atme einfach tief ein – und wieder aus. Nimm wahr, wie sich bei jedem Atemzug dein Bauch hebt und wieder senkt. Und spüre auch, wie deine Hände angenehme Wärme an deinen Bauch abgeben. Du spürst, wie dein Körper ganz angenehm schwer wird, mit jedem Atemzug sinkst du immer schwerer in die Unterlage, auf der du liegst. Dein ganzer Körper wird ganz entspannt, angenehm warm und schwer. Nimm deine Aufmerksamkeit von außen nun in dein Inneres. Spüre deine Füße. Nimm sie wahr, wie sie da liegen. Ist dort vielleicht noch eine Anspannung, die du loslassen kannst? Lass alles los. Dein ganzer Körper ist entspannt, angenehm warm und schwer. Geh in deiner Vorstellung weiter nach oben zu deinen Waden, sind sie auch ganz entspannt, warm und schwer? Wie ist es mit deinen Oberschenkeln. Sie sind auch ganz entspannt, angenehm warm und schwer. Jetzt geh weiter nach oben bis zu deinem Bauch, auf dem deine Hände warm ruhen. Leicht heben sie sich bei jedem ruhigen Atemzug. Und mit jedem Atemzug löst sich immer mehr in dir. Dein Brustkorb hebt und senkt sich frei und leicht. Dein Gesicht ist entspannt, auch die Muskeln um deinen Kiefer, so wie dein ganzer Körper. Du bist völlig ruhig, dein ganzer Körper ist angenehm warm und schwer.

Ich möchte dich auf eine Reise mitnehmen. Stelle dir jetzt vor, du läufst barfuß über einen kühlen und angenehmen Waldweg – Du spürst das Laub zwischen Deinen Zehen. Es ist kühl und weich. Die Sonne scheint. Auf Deinen Schultern spürst du die Wärme der Sonne, die zwischen den Baumkronen hindurchstrahlt. Spürst du die angenehme Wärme der Sonne.? Kannst du das Laub riechen? Der ganze Duft des Waldes umgibt dich. Nimm dir Zeit, sieh dich um und lass die Umgebung auf dich wirken. Atme tief ein - und aus.
Hörst du? Da sind Vögel, die ganz leise zwitschern. Kannst du sie sehen, wie sie zwischen den Ästen umherflattern? Nimm wahr wie völlig ruhig und entspannt du bist. Du fühlst dich gut. Alles ist angenehm und friedlich.

Wenn du nach unten zu deinen Füßen siehst, nimmst du das Rascheln des Laubes wahr. Völlig ruhig läufst du weiter auf dem schönen Waldweg. Du lässt alles, was um dich herum geschieht, auf dich wirken – du bist entspannt – ganz entspannt – du spürst mit jedem Atemzug, wie du tiefer in die Entspannung fällst – mit jedem Schritt, den du auf dem Laub gehst –die Sonne wärmt dich angenehm. Es ist ganz warm um dich herum. Die Sonnenstrahlen fühlen sich wohlig an und spenden dir Kraft. Du spürst, wie sich der Boden unter Deinen Füßen verändert. Du spürst das Gras unter deinen Füßen. Du bist auf einer Lichtung angekommen. Du siehst dich in aller Ruhe um. Es ist ganz friedlich und schön hier. Nimm Dir Zeit und suche Dir auf der Lichtung einen Platz, wo du dich hinsetzen magst. Dieser Ort gibt dir Kraft. Das ist ein guter Ort und du merkst, wie du ruhig und entspannt bist und die Sonnenstrahlen warm auf dich scheinen. Du fühlst dich stärker und bist ruhig und atmest ein und aus. Du riechst den angenehmen Duft der Natur und hörst die Vögel um dich herum zwitschern. Dir wird bewusst, dass du auf jemanden wartest. Du fühlst Freude. Du bist gerade an dem friedlichsten und ruhigsten Ort und er gehört nur dir. Dir ganz allein. Und dann kannst du die Schritte schon hören. Es sind sanfte, ruhige Schritte, die sich auf dich zu bewegen. Und wenn du deinen Blick nach vorne richtest, kann du deinen lieben Freund schon sehen. Du hast einen sehr großen lieben Freund. Es ist ein Riese. Sanft und ruhig setzt er einen Fuß vor den anderen. Als er bei dir angekommen ist, setzt er sich im Schneidersitz vor dich hin. Er lächelt dich freundlich an und du siehst, wie sehr er sich freut, dich zu sehen. Er ist nicht

irgendein Riese, es ist deiner. Er ist da, um dir zu helfen und dich zu beschützen. Du weißt, dass er immer für dich da ist, wenn du ihn brauchst. Und wenn du eine Frage hast, kannst du sie ihm jederzeit stellen. Er ist viele hundert Jahre alt und weiß alles. Atme tief ein und aus. Gibt es eine Frage, die du ihm stellen möchtest? Er freut sich, wenn er dir helfen kann. Wenn du magst, stelle ihm jetzt deine Frage.

- Bitte machen sie hier eine kleine Pause -

Der Riese legt freundlich seine unglaublich großen Hände um dich und du merkst, wie die Kraft von ihm sich auf dich überträgt. Du fühlst dich total beschützt. Es kann dir nichts passieren. Alles in dir ist ruhig, du bist entspannt, dein Körper fühlt sich angenehm warm an. Langsam nimmt dein freundlicher Riese seine starken Hände wieder zurück. Ihr beiden lächelt euch an. Er zwinkert dir zu. Als du wieder von deinem Platz auf der Lichtung aufstehst, merkst du, dass du viel stärker bist als vorher. Ihr beiden verabschiedet euch voneinander. Du weißt, dass du jederzeit zu deinem Freund in diesem wunderschönen Wald zurückkehren kannst. Jede Frage wird dir hier beantwortet und du bist immer willkommen.

Langsam begibst du dich mit ruhigen Schritten durch das saftige, grüne Gras auf deinen Rückweg. Du bist völlig ruhig und merkst immer noch, wie angenehm die warmen Sonnenstrahlen deinen Körper wärmen.

Atme tief ein und aus. Spüre wieder deine Unterlage, auf der du liegst. Strecke dich und recke dich. Atme tiefer ein und aus und öffne dann wieder deine Augen.

Printed in Poland
by Amazon Fulfillment
Poland Sp. z o.o., Wrocław

17738272R00029